Offert par
Aude
26/7/12

Le petit livre

SALAKIS®

EMMANUELLE REDAUD
Photographies de Lucie Cipolla

MARABOUT

Avec la collaboration de SALAKIS®.

Shopping : Emmanuelle Redaud
Suivi éditorial : Marie-Ève Lebreton
Relecture : Véronique Dussidour
Mise en pages : Gérard Lamarche

ISBN : 978-2-501-07744-6
4118006
Dépôt légal : Juin 2012
Achevé d'imprimer en Avril 2012
sur les presses d'Impresia-Cayfosa en Espagne

SOMMAIRE

KIT SOUPES GLACÉES

POUR 4 PERSONNES

VELOUTÉ GLACÉ DE PETITS POIS AU SALAKIS® & À LA MENTHE

500 g de petits pois surgelés ,110 g de SALAKIS®, 8 feuilles de menthe fraîche, sel, poivre du moulin

Porter à ébullition 1/3 de litre d'eau. Dans le bol d'un mixeur, mettre les petits pois et ajouter l'eau bouillante. Mixer longuement pour obtenir un velouté onctueux. Ajouter le SALAKIS®, les feuilles de menthe et mixer à nouveau. Saler, poivrer. Réserver au réfrigérateur jusqu'au moment de servir.

SOUPE FRAÎCHE DE CONCOMBRE AU SALAKIS®

1,5 concombre, 3 oignons nouveaux, 200 g de SALAKIS®, 1,5 yaourt, 1 cuillerée à café bombée de sucre en poudre, 4 branches de coriandre, sel

Éplucher le concombre et les oignons. Les couper en morceaux et les mettre dans le bol d'un mixeur. Mixer longuement avec le SALAKIS®, le yaourt et le sucre. Ajouter à la fin la coriandre ciselée et saler.

GASPACHO BLANC AU LAIT D'AMANDE, AIL & SALAKIS®

2 gousses d'ail, 300 g d'amandes entières mondées, 150 g de SALAKIS®, raisin blanc, poivre blanc

Éplucher les gousses d'ail, les mettre dans une casserole puis recouvrir d'eau froide. Porter à ébullition, égoutter et rincer. Renouveler 1 fois l'opération. Dans le bol d'un mixeur, mettre les amandes avec 50 cl d'eau et mixer pendant 5 minutes. Passer ensuite au chinois et presser pour extraire tout le liquide. Ajouter un peu d'eau à la fin pour tout récupérer. Mixer le lait d'amande avec les gousses d'ail et le SALAKIS®. Poivrer. Servir avec des grains de raisins blancs.

KIT APÉRITIF

POUR 12 PIÈCES

ABRICOTS AU SALAKIS® & AU BACON

12 abricots secs et moelleux, 12 dés de SALAKIS®, 12 tranches extra-fines de poitrine fumée, 12 pics en bois

Farcir chaque abricot avec un dé de SALAKIS®. Enrouler 1 tranche de poitrine fumée autour et faire tenir à l'aide d'un pic en bois. Enfourner sous le gril du four pendant 2 à 3 minutes. Servir chaud.

BROCHETTES DE SALAKIS®, RAISINS & POIRES

1 poire, raisin noir, raisin blanc, le jus de ½ citron, 100 à 120 g de SALAKIS®, 12 pics en bois

Rincer la poire et les raisins. Dans un bol, verser le jus de citron et ajouter le même volume en eau. Couper la poire en dés et les tremper dans le mélange. Couper le SALAKIS® en dés de la même taille que les dés de poire. Monter les brochettes en alternant les ingrédients.

BROCHETTES DE SALAKIS®, COURGETTES GRILLÉES & TOMATES CONFITES

1 petite courgette, 100 à 120 g de SALAKIS®, 1 petit bocal de tomates confites, quelques olives noires, huile d'olive, 12 pics en bois

Couper la courgette en dés ou en rondelles. Dans une poêle, faire chauffer à feu vif un filet d'huile d'olive et y faire revenir les morceaux de courgette rapidement. Couper le SALAKIS® en dés de 1,5 cm. Monter les brochettes en alternant les ingrédients.

KIT CAKES SALÉS

POUR 1 CAKE

PÂTE À CAKE

85 g de beurre doux mou, 160 g de farine, 3 œufs, 3/4 de 1 sachet de levure chimique, sel, poivre

Préchauffer le four à 180 °C. Mélanger le beurre mou avec la farine, les œufs et 1 pincée de sel jusqu'à obtenir une pâte homogène. Battre à nouveau 2 minutes. Ajouter la levure, poivrer et mélanger puis ajouter la garniture choisie. Verser dans un moule à cake préalablement beurré et fariné. Enfourner et laisser cuire 40 à 45 minutes. Vérifier la cuisson à l'aide de la pointe d'un couteau : elle doit ressortir sèche du cake. Démouler et laisser refroidir sur une grille.

CAKE AU SALAKIS, COURGETTES & RAISINS SECS

160 g de courgette, 100 g de raisins, sultanines, 120 g de SALAKIS®

Râper la courgette. Dans un bol, mettre les raisins et les recouvrir d'eau bouillante. Les laisser gonfler 3 minutes et les égoutter. Couper le SALAKIS® en dés. Ajouter le tout dans la pâte à cake puis verser dans le moule et enfourner.

CAKE AU SALAKIS, PIGNONS & OLIVES NOIRES

50 g d'olives noires dénoyautées, 130 g de SALAKIS®, 65 g de pignons de pin, 1 yaourt, 1 cuillerée à soupe de sucre en poudre

Hacher grossièrement les olives. Couper le SALAKIS® en dés. Ajouter tous les ingrédients dans la pâte à cake, puis verser dans le moule et enfourner.

CAKE AU SALAKIS®, JAMBON CRU & POIVRON ROUGE GRILLÉ

1,5 poivron rouge, 120 g de jambon cru, 120 g de SALAKIS®

Faire griller les poivrons sous le gril du four. Retirer la peau et garder le jus de cuisson. Couper le jambon cru en lanières et le SALAKIS® en dés. Ajouter ces ingrédients et 3 cuillerées à soupe du jus de cuisson dans la pâte à cake, puis verser dans le moule et enfourner.

CHEESEBURGER AU SALAKIS®

10 MIN DE PRÉPARATION – 10 MIN DE CUISSON

POUR 4 PERSONNES

4 pains à hamburger
2 tomates
4 à 8 cornichons
1 cuillerée à café de moutarde douce
4 biftecks hachés
200 g de SALAKIS®
2 feuilles de salade
Ketchup®
sel, poivre

1- Préchauffer le four à 150 °C.
2- Couper les tomates et les cornichons en tranches.
3- Déposer les pains sur la plaque du four, enfourner et les faire chauffer 5 minutes. Les couper en deux puis les tartiner de moutarde douce.
4- Dans une poêle, faire cuire les biftecks hachés. Saler, poivrer.
5- Couper le SALAKIS® en fines tranches.
6- Répartir les ingrédients à l'intérieur des pains.
Servir, accompagné d'une salade et de frites maison !

BAGEL SAUMON FUMÉ & SALAKIS®

10 MIN DE PRÉPARATION – 5 MIN DE CUISSON

POUR 4 PERSONNES

4 bagels

½ concombre

80 g de SALAKIS®

1 cuillerée à soupe de raifort

1 cuillerée à soupe de crème épaisse

4 à 6 tranches de saumon fumé

quelques pousses d'épinard

1- Préchauffer le four à 160 °C.

2- Déposer les bagels sur la plaque du four, enfourner et laisser chauffer 5 minutes. Les couper en deux.

3- Couper le concombre en rondelles.

4- Couper le SALAKIS® en petits dés.

5- Dans un bol, mélanger le raifort et la crème épaisse. En tartiner les bagels.

6- Répartir sur la moité des bagels les tranches de saumon, les rondelles de concombre, les dés de SALAKIS® et les pousses d'épinard. Refermer les bagels.

WRAPS DE SALAKIS® AU CURRY & CRUDITÉS

15 MIN DE PRÉPARATION

POUR 8 WRAPS

4 tortillas

2 carottes

2 endives

4 oignons nouveaux

12 noix concassées

1 cuillerée à soupe de raisins secs

3 cuillerées à soupe de crème fraîche allégée

200 g de SALAKIS® herbes de Provence

1 cuillerée à café rase de curry en poudre

sel, poivre du moulin

1- Éplucher et râper les carottes. Éplucher les endives et les couper finement. Faire de même avec les oignons.
2- Dans un bol, mélanger les légumes et les fruits secs avec la crème fraîche, les dés de SALAKIS® et le curry. Saler, poivrer et goûter pour vérifier l'assaisonnement.
3- Répartir le mélange sur les tortillas. Rouler pour former les wraps puis servir.

PIZZA CHAMPIGNON, SALAKIS® & CHORIZO

5 MIN DE PRÉPARATION – 20 MIN DE CUISSON

POUR 4 PERSONNES

1 pâte à pizza

200 g de champignons de Paris

150 g de SALAKIS®

1 petite boîte de concentré de tomates

12 tranches de chorizo

4 branches de thym

180 g de mozzarella

1- Préchauffer le four à 220 °C.
2- Nettoyer les champignons et les couper en tranches.
3- Étaler la pâte à pizza sur la plaque du four. La badigeonner de concentré de tomates. Recouvrir de SALAKIS® émietté. Répartir les champignons et le chorizo sur la pizza. Effeuiller le thym sur la tarte. Recouvrir de mozzarella.
4- Enfourner dans le bas du four et laisser cuire 20 minutes. Servir bien chaud.

Salakis
100% BREBIS
100% SCHAPENMELK

GAUFRES AU SALAKIS®

5 MIN DE PRÉPARATION – 30 MIN DE REPOS – 15 MIN DE CUISSON

POUR 1 DIZAINE DE GAUFRES

2 œufs

100 g de SALAKIS®

20 cl de lait

175 g de farine

1 cuillerée à soupe d'huile d'olive

1 cuillerée à café de levure chimique

½ botte de ciboulette

sel, poivre du moulin

1- Séparer les blancs des jaunes d'œufs.
2- Couper le SALAKIS® en morceaux.
3- Dans un saladier, mixer le SALAKIS® avec le lait, la farine, les jaunes d'œufs, l'huile et la levure. Poivrer et mixer à nouveau.
4- Monter les blancs d'œufs en neige avec 1 pincée de sel.
5- Ciseler la ciboulette.
6- Incorporer délicatement les blancs en neige et la ciboulette à la pâte. Laisser reposer 30 minutes minimum.
7- Dans un gaufrier préalablement huilé, verser 1 louche de pâte et faire cuire 5 minutes. Répéter l'opération jusqu'à épuisement de la pâte. Servir immédiatement accompagné d'une salade.

SALADE TIÈDE DE LENTILLES AU COLOMBO

20 MIN DE PRÉPARATION – 40 MIN DE CUISSON

POUR 6 PERSONNES

220 g de SALAKIS®

1 botte d'oignons nouveaux

1 botte de cerfeuil

LES LENTILLES

200 g de lentilles vertes

1 oignon jaune

1 carotte

1 feuille de laurier

2 branches de thym

LA VINAIGRETTE

3 cuillerées à soupe d'huile d'olive

1 cuillerée à café de vinaigre de vin

1 cuillerée à soupe de moutarde

1 cuillerée à café de colombo en poudre

sel, poivre

1- Couper le SALAKIS® en petits dés.

2- Éplucher les oignons nouveaux et retirer la partie la plus verte. Les laver et les couper finement.

3- Laver le cerfeuil. Le hacher, y compris les tiges.

4- Préparer les lentilles : éplucher et couper l'oignon et la carotte en morceaux. Dans une casserole, mettre les lentilles avec l'oignon et la carotte, le thym et le laurier. Recouvrir à plus de 2 cm d'eau froide. Couvrir et laisser cuire à feu doux pendant 40 minutes : les lentilles doivent être tendres et se tenir. Si nécessaire, ajouter un peu d'eau. Laisser tiédir.

5- Dans un bol, préparer la vinaigrette en mélangeant l'huile, le vinaigre, la moutarde et le colombo.

6- Dans un saladier, mélanger les lentilles, l'oignon, les dés de SALAKIS® et le cerfeuil. Verser la vinaigrette et rectifier l'assaisonnement si nécessaire. Servir aussitôt.

SALADE DE FUSILLI AU PESTO DE SALAKIS®

20 MIN DE PRÉPARATION – 15 MIN DE CUISSON

POUR 4 PERSONNES

150 g de fusilli

2 petites courgettes

1 vingtaine de tomates cerise bien mûres

8 olives noires dénoyautées

LE PESTO

1 gros bouquet de basilic

2 cuillerées à soupe de pignon de pin

2 gousses d'ail

100 g de SALAKIS®

10 cl d'huile d'olive

1- Faire cuire les fusilli *al dente* dans un grand volume d'eau bouillante salée. Les égoutter et les passer sous l'eau froide.
2- Couper les courgettes en dés. Dans une poêle, faire griller les courgettes à feu vif.
3- Écraser les tomates cerises.
4- Hacher les olives.
5- Ciseler les feuilles de basilic.
6- Dans une poêle, faire griller les pignons de pin à feu vif en remuant de temps en temps.
7- Éplucher les gousses d'ail.
8- Dans un bol, mixer les ingrédients du pesto.
9- Assaisonner les pâtes avec le pesto au SALAKIS® puis ajouter le reste des ingrédients. Mélanger et servir.

TARTINES DE VIANDE FROIDE

10 MIN DE PRÉPARATION

POUR 4 PERSONNES

4 grandes tranches de pain

300 g de restes de viande cuite

1 betterave rouge, crue

1 douzaine de radis

4 gros cornichons malossol

quelques feuilles de salade trévise

150 g de SALAKIS®

4 cuillerées à café de chutney

1 cuillerée à soupe de Savora®

huile d'olive

fleur de sel, poivre du moulin

1- Faire toaster les tranches de pain.

2- Couper la viande en fines tranches.

3- Éplucher la betterave rouge et la couper en fines tranches. Couper les radis et les cornichons en rondelles. Tailler quelques feuilles de salade en julienne.

4- Couper le SALAKIS® en dés. Tartiner le pain avec un peu de Savora® et de chutney.

5- Répartir les ingrédients sur les tartines et verser 1 filet d'huile d'olive, saler et poivrer.

SALADE DE CÉLERI BRANCHE, FRUITS & SALAKIS®

15 MIN DE PRÉPARATION

1- Retirer les branches trop vertes et fibreuses du céleri branche. Casser les autres branches pour les détacher du cœur et tirer sur les fils. Les couper en morceaux de 0,5 cm de longueur.
2- Éplucher les oranges et le pamplemousse à vif. Lever les segments des agrumes. Laver les raisins. Couper le SALAKIS® en dés.
3- Dans un saladier, mélanger tous les ingrédients. Ajouter ensuite l'huile d'olive. Servir bien frais.

POUR 6 PERSONNES

1 pied de céleri branche
2 oranges
1 pamplemousse
1 grappe de raisin noir
1 grappe de raisin blanc
220 g de SALAKIS®
2 cuillerées à soupe d'huile d'olive
poivre du moulin

TARTINES DE LÉGUMES GRILLÉS & SALAKIS®

30 MIN DE PRÉPARATION – 15 MIN DE CUISSON

POUR 4 PERSONNES

4 grandes tranches de pain de campagne

2 courgettes

1 aubergine

1 bulbe de fenouil

3 tomates

1 ou 2 gousses d'ail

150 g de SALAKIS® herbes de Provence

aneth

cerfeuil

huile d'olive

sel, poivre

LA VINAIGRETTE

1 cuillerée à soupe de vinaigre de vin

1 cuillerée à soupe d'huile d'olive

1 cuillerée à café de sauce soja

2 pincées de sucre en poudre

poivre

1- Couper les courgettes, l'aubergine et le fenouil en fines tranches. À l'aide d'un pinceau, les badigeonner d'huile d'olive. Saler et poivrer.
2- Dans une poêle, faire griller les légumes 3 minutes de chaque côté. Les déposer sur du papier absorbant. Réserver.
3- Couper les tomates en petits dés. Les assaisonner avec un peu d'huile d'olive et de sel.
4- Éplucher les gousses d'ail et les couper en deux.
5- Toaster les tranches de pain. Les frotter avec les demi-gousses d'ail.
6- Dans un bol, mélanger les ingrédients de la vinaigrette.
7- Répartir sur les tartines les tomates puis les légumes grillés et les dés de SALAKIS® émiettés. Parsemer d'aneth et de cerfeuil. Verser un filet de vinaigrette. Servir.

Salaki
100% BREBIS
Herbes de Provence

TARTE OIGNON DOUX, TOMATES & SALAKIS®

15 MIN DE PRÉPARATION – 50 MIN DE CUISSON

POUR 4 PERSONNES

1 pâte brisée

6 oignons roses de Roscoff

1 cuillerée à soupe d'huile d'olive

3 tomates

2 œufs

100 g de crème fraîche épaisse

10 cl de lait

100 g de SALAKIS®

beurre

poivre du moulin

1- Éplucher les oignons. Les couper en deux puis en fines lamelles. Dans une poêle, faire chauffer l'huile d'olive et les faire revenir sans coloration pendant 5 minutes. Les déposer dans une assiette et laisser refroidir.

2- Préchauffer le four à 200 °C.

3- Beurrer un moule à tarte. Étaler la pâte brisée dans le moule en faisant bien adhérer les bords. Réserver au réfrigérateur.

4- Couper les tomates en tranches.

5- Mélanger les œufs, la crème fraîche, le lait puis poivrer.

6- Dans le fond du moule, verser les oignons, ajouter les tranches de tomate et émietter le SALAKIS® au-dessus. Verser l'appareil aux œufs. Enfourner dans le bas du four et laisser cuire 35 minutes. Remonter le moule dans le haut du four et laisser cuire 10 minutes supplémentaires pour colorer, si nécessaire.

ROULEAUX DE BLANCS DE POULET VAPEUR
AU SALAKIS® & À L'ESTRAGON

15 MIN DE PRÉPARATION – 12 MIN DE CUISSON

POUR 4 PERSONNES

600 g de blanc de poulet

200 g de SALAKIS®

2 jaunes d'œufs

1 bouquet d'estragon (ou 2 cuillerées à soupe d'estragon haché, surgelé)

1 gousse d'ail

poivre du moulin

1- Préchauffer le four à 210 °C.

2- Ouvrir les blancs de poulet, les aplatir à l'aide d'un rouleau à pâtisserie. Déposer chaque blanc de poulet sur un grand morceau de papier sulfurisé préalablement humidifié. Poivrer.

3- Dans un bol, mélanger le SALAKIS® avec les jaunes d'œufs, l'estragon et la gousse d'ail hachés jusqu'à obtenir une pâte. Étaler cette pâte sur les blancs de poulet.

4- Les rouler, puis les emballer dans du papier sulfurisé. Serrer les rouleaux en les faisant rouler et faire tenir avec de la ficelle de cuisine.

5- Les déposer dans un panier vapeur au-dessus d'une casserole d'eau bouillante. Couvrir et laisser cuire 12 minutes.

Salakis
100%
BREBIS

BRICK À L'ŒUF, AUX ÉPINARDS & AU SALAKIS®

20 MIN DE PRÉPARATION – 5 MIN DE CUISSON

POUR 4 PERSONNES

6 feuilles de brick

400 g d'épinards frais

150 g de SALAKIS®

4 œufs

cannelle en poudre

noix de muscade râpée

3 cuillerées à soupe d'huile d'olive

poivre

1- Déposer 4 feuilles de brick sur le plan de travail.
2- Couper les 2 feuilles de brick restantes en deux et déposer chaque moitié pliées en deux au centre des 4 premières brick pour les consolider.
3- Laver les épinards, les essorer et retirer les branches pour ne garder que les feuilles. Les tailler en fines lanières.
4- Émietter le SALAKIS® sur la partie renforcée des bricks. Recouvrir d'épinards et y casser un œuf par-dessus. Poivrer, puis saupoudrer de cannelle et de noix de muscade râpée. Humidifier le bord des bricks d'eau à l'aide d'un pinceau puis rabattre les côtés pour refermer les bricks.
5- Dans une grande poêle, faire chauffer l'huile et faire cuire les bricks pendant 2 minutes de chaque côté en commençant par le dessus pour éviter qu'elles ne s'ouvrent pendant la cuisson.

LÉGUMES FARCIS AUX CÉRÉALES & AU SALAKIS®

20 MIN DE PRÉPARATION – 50 MIN DE CUISSON

POUR 4 PERSONNES

LE BOUILLON

2 feuilles de laurier

3 branches de thym

1 cuillerée à café de grains de café

LES LÉGUMES

4 courgettes rondes

4 tomates moyennes

LA FARCE

2 oignons jaunes

4 gousses d'ail

2 cuillerées à soupe d'huile d'olive

150 g de flocons de céréales complètes bio

1 cuillerée à café rase de coriandre moulue

220 g de SALAKIS®

1 gros œuf

fleur de sel, poivre

1- Le bouillon : dans une casserole, porter à ébullition ¾ de litre d'eau avec le laurier, le thym et les grains de café. Mettre hors du feu, couvrir et laisser infuser le temps de préparer les légumes.
2- Couper un chapeau dans les courgettes et les tomates. Évider les légumes et hacher la chair. Saler l'intérieur des légumes.
3- La farce : éplucher les oignons et l'ail puis les hacher en petits morceaux. Dans une grande poêle, les faire revenir sans coloration avec un peu d'huile d'olive avec la chair des légumes. Ajouter ensuite les céréales et la coriandre, mélanger et laisser cuire 3 minutes à feu doux. Saler, poivrer. Verser alors progressivement le bouillon en remuant. Ajouter 150 g de SALAKIS® émietté, mélanger, puis, hors du feu, l'œuf et le restant de SALAKIS® coupé en petits dés.
4- Préchauffer le four à 200 °C.
5- Remplir les légumes de farce. Enfourner et laisser cuire 40 minutes.

RÔTI DE VEAU AU BACON

10 MIN DE PRÉPARATION – 20 MIN DE CUISSON

POUR 4 PERSONNES

8 tranches de rôti de veau cuit

8 tranches de bacon

80 g de SALAKIS®

10 cl de lait

10 cl de crème fraîche

1 pincée de noix de muscade râpée

30 g de gruyère râpé

poivre

1- Préchauffer le four à 200 °C.
2- Dans un bol, mixer le SALAKIS® avec le lait.
3- Dans une casserole, faire chauffer la crème fraîche à feu doux avec la muscade, 1 pincée de poivre et le gruyère. Mélanger et mettre hors du feu dès que le gruyère est fondu. Verser le mélange au lait et remuer.
4- Disposer le rôti dans un plat à gratin en intercalant une tranche de bacon entre chaque tranche de veau. Napper avec la crème au fromage.
5- Enfourner à mi-hauteur et laisser cuire 20 minutes jusqu'à ce que l'ensemble soit gratiné.

PAPILLOTE DE SAUMON À LA VANILLE & CORIANDRE

10 MIN DE PRÉPARATION – 17 MIN DE CUISSON

POUR 4 PERSONNES

4 pavés de saumon

400 g de pommes de terre à chair ferme

4 branches de coriandre

4 cuillerées à soupe de crème fraîche épaisse

2 gousses de vanille

150 g de SALAKIS®

poivre

1- Laver les pommes de terre, les éplucher et les couper en tranches. Les faire cuire 8 à 10 minutes à la vapeur.

2- Préchauffer le four à 180 °C.

3- Découper 4 grands morceaux de papier sulfurisé. Disposer au centre les pommes de terre en rosace. Ajouter quelques feuilles de coriandre, puis déposer les pavés de saumon. Napper de crème. Poser une demi-gousse de vanille sur chaque pavé de saumon.

4- Couper le SALAKIS® en dés et les répartir sur les papillotes. Poivrer.

5- Fermer les papillotes, enfourner et laisser cuire 12 minutes. Parsemer de coriandre hachée et servir aussitôt.

ROULEAUX DE POIREAUX AU GINGEMBRE

30 MIN DE PRÉPARATION – 10 MIN DE CUISSON

POUR 4 PERSONNES

8 à 12 feuilles de riz

3 blancs de poireau

2 gousses d'ail

40 g de gingembre râpé

2 cuillerées à soupe d'huile d'olive

120 g de SALAKIS®

sauce soja

1- Éplucher et laver soigneusement les poireaux. Les couper très finement.

2- Dans une poêle, faire chauffer l'huile d'olive et faire revenir à feu doux les poireaux, l'ail et le gingembre sans coloration. Ajouter un peu d'eau, puis le SALAKIS® grossièrement haché et mélanger.

3- Étaler un torchon propre, bien humide et plié en quatre sur le plan de travail. Poser 1 feuille de riz sur le torchon, humidifier le dessus. Quand la feuille est souple, déposer un peu de farce. Refermer en pliant en longueur comme un rouleau de printemps. Répéter l'opération jusqu'à épuisement de la farce.

4- Faire cuire les rouleaux 2 minutes à la vapeur. Servir avec de la sauce soja.

MILLE-FEUILLE TRÈS SALAKIS® AVOCAT & BETTERAVE ROUGE

25 MIN DE PRÉPARATION – 18 MIN DE CUISSON

POUR 4 PERSONNES

LES TUILES AU SALAKIS®

50 g de beurre doux

120 g de SALAKIS®

100 g de farine

1 blanc d'œuf

1 pincée de noix de muscade râpée

poivre

LA GARNITURE

100 g de SALAKIS®

1 betterave rouge, cuite

½ avocat

le jus de ½ citron

LA MOUSSE D'AVOCAT

½ avocat

40 g de SALAKIS®

5 cl de crème liquide entière

1- Les tuiles : faire fondre le beurre au four à micro-ondes. Dans un bol, mélanger le SALAKIS®, la farine, la muscade et le blanc d'œuf. Poivrer. Ajouter le beurre fondu et remuer. Réserver au frais.

2- La garniture: couper le SALAKIS® en dés. Éplucher la betterave et le demi-avocat. Les tailler en dés puis les arroser de jus de citron. Réserver.

3- La mousse d'avocat : éplucher et couper le demi avocat en dés. Les mixer avec le SALAKIS®. Monter la crème en chantilly et l'incorporer délicatement à la mousse d'avocat.

4- Préchauffer le four à 160 °C.
Former des grosses billes avec la pâte des tuiles. Poser 6 billes de pâte espacées sur la plaque du four préalablement recouverte de papier sulfurisé. Recouvrir d'une seconde feuille de papier sulfurisé et étaler les billes avec le dos d'une grande cuillère. À l'aide d'un rouleau à pâtisserie, aplatir finement. Enfourner et laisser cuire 15 minutes. À la sortie du four, laisser refroidir sur une grille.

5- Monter le mille-feuille en déposant à chaque niveau un peu de mousse, des dés d'avocat, de betterave et de SALAKIS®.

Salak
~100%~
BREBIS
100% SCHAPENMELK

SOUFFLÉ CHAUD AU SALAKIS® & AUBERGINES

10 MIN DE PRÉPARATION – 28 MIN DE CUISSON

POUR 4 PERSONNES

600 g d'aubergines
10 cl de crème liquide
50 g de beurre
40 g de farine
150 g de SALAKIS®
4 œufs
sel, poivre
piment d'Espelette

1- Couper les aubergines en morceaux. Les faire cuire 5 minutes à la vapeur, puis les mixer avec la crème liquide.
2- Préchauffer le four à 180 °C.
3- Dans une casserole, faire fondre le beurre, verser la farine et laisser cuire 3 minutes à feu doux en remuant. Ajouter la crème d'aubergine tout en mélangeant au fouet et laisser cuire à feu moyen jusqu'à ce que la crème épaississe. Hors du feu, ajouter le SALAKIS® émietté et mélanger. Verser les jaunes d'œufs, poivrer et remuer à nouveau.
4- Beurrer et fariner généreusement 4 moules à soufflé individuels.
5- Monter les blancs en neige avec 1 pincée de sel. Les incorporer délicatement à la crème d'aubergine. Remplir les moules à soufflé à ras bord. Lisser la surface et essuyer les bords intérieurs avec le doigt pour permettre aux soufflés de bien monter. Enfourner et laisser cuire 18 minutes. Servir les soufflés dès qu'ils sont cuits. Les saupoudrer de piment.

Salakis
100% BREBIS
100% SCHAPENMELK

GELÉE DE SALAKIS® & COULIS DE TOMATE

10 MIN DE PRÉPARATION – 1 H DE RÉFRIGÉRATION

POUR 4 PERSONNES

2 feuilles de gélatine

150 g de SALAKIS®

35 cl de lait

3 tomates moyennes

5 cl d'huile d'olive

1 cuillerée à café de vinaigre

1 tranche de pain de mie

10 olives noires dénoyautées

sucre en poudre

sel

1- Mettre la gélatine à ramollir dans un bol d'eau froide pendant 5 minutes. L'essorer, puis la faire fondre 5 à 10 secondes au four à micro-ondes.

2- Mixer le SALAKIS® avec le lait. En verser un peu sur la gélatine fondue et remuer, puis verser le reste. Verser cette préparation dans 4 verres et laisser prendre au réfrigérateur.

3- Plonger les tomates quelques instants dans un volume d'eau bouillante, puis les peler. Mixer la chair des tomates avec la mie de pain et le vinaigre, puis ajouter l'huile. Saler et sucrer légèrement.

4- Hacher les olives noires.

5- Quand la gelée de SALAKIS® est prise, la recouvrir d'olives noires hachées et répartir le coulis de tomate dans les verres.

RISOTTO DE PRINTEMPS AU SALAKIS®

15 MIN DE PRÉPARATION – 20 MIN DE CUISSON

POUR 4 PERSONNES

10 asperges vertes

4 petites carottes fanes

4 cuillerées à soupe de petits pois écossés

1 échalote

1 cuillerée à soupe d'huile d'olive

200 g de riz arborio

150 g de SALAKIS®

5 cl de crème liquide

1 bouquet d'herbes mélangées, hachées

1- Éplucher les asperges, ôter le bout filandreux et réserver les pointes. Couper le reste en petits morceaux. Éplucher les carottes en gardant un peu de fane. Faire cuire les légumes les uns après les autres dans 1 litre d'eau bouillante, en conservant l'eau de cuisson à chaque fois car elle servira de bouillon pour le risotto. Les cuire *al dente*.

2- Éplucher et hacher l'échalote.

3- Dans une casserole, faire chauffer l'huile d'olive et y faire revenir l'échalote hachée, puis le riz pour les rendre translucides. Ajouter au fur et à mesure le bouillon chaud, tout en remuant.

4- Quand le riz est cuit, ajouter le SALAKIS® émietté, la crème liquide, puis les herbes hachées. Bien mélanger.

5- Servir le risotto dans des assiettes creuses, disposer les pointes d'asperge, les fanes de carottes dessus et ajouter un filet d'huile d'olive.

POTIRON SAUTÉ AU MIEL & ROMARIN

10 MIN DE PRÉPARATION – 10 MIN DE CUISSON

POUR 4 PERSONNES

150 g de SALAKIS®

800 g de potiron

2 cuillerées à soupe d'huile d'olive

2 branches de romarin

3 cuillerées à soupe de miel

poivre du moulin

1- Éplucher le potiron et le couper en cubes.

2- Dans une poêle, faire chauffer l'huile d'olive et ajouter les cubes de potiron avec le romarin en remuant régulièrement jusqu'à obtenir une belle coloration. Poivrer. À la fin, verser le miel et laisser cuire quelques minutes de plus.

3- Au moment de servir, ajouter le SALAKIS® coupé en dés et mélanger brièvement hors du feu. Servir aussitôt.

CRÈME D'AIL AU BASILIC & AU SALAKIS®

20 MIN DE PRÉPARATION – 30 MIN DE CUISSON

POUR 1 BOL DE CRÈME

1,5 tête d'ail
15 cl de lait
5 cl de crème liquide
½ botte de basilic
75 g de SALAKIS®
poivre du moulin

1- Détacher les gousses d'ail. Les tremper 10 minutes dans de l'eau chaude pour ramollir leur peau. Les éplucher.
2- Dans une casserole, mettre les gousses d'ail épluchées, les couvrir d'eau froide et porter à ébullition. Égoutter et rincer.
3- Couper les gousses en deux ou en quatre.
4- Dans une casserole, faire cuire à feu doux les gousses d'ail avec le lait et la crème jusqu'à ce qu'elles soient fondantes. Une fois cuites, poivrer et mixer avec le basilic et le SALAKIS®. Servir seul ou avec des croûtons, en accompagnement d'un agneau rôti ou de pommes de terre au four.

GNOCCHI AU SAFRAN & AU SALAKIS®

10 MIN DE PRÉPARATION – 10 MIN DE CUISSON – 6 H DE RÉFRIGÉRATION

POUR 4 PERSONNES

85 g de semoule fine

½ l de lait

1 feuille de laurier

1 branche de thym

120 g de SALAKIS

2 doses de safran en poudre ou 3 doses de Spigol®

2 œufs

30 g de gruyère râpé

1- Dans une casserole, faire chauffer le lait avec le laurier et le thym. À ébullition, ôter le laurier et le thym. Verser la semoule en pluie dans le lait tout en remuant au fouet. Laisser cuire 3 minutes à feu doux, en mélangeant sans cesse. À la fin, ajouter le SALAKIS® émietté et le safran. Remuer pour obtenir un mélange lisse.

2- Hors du feu, ajouter les œufs un à un, puis remettre à chauffer jusqu'au premier bouillon. Verser dans un récipient à fond plat sur une épaisseur de 3 cm et couvrir de film alimentaire. Laisser refroidir à température ambiante puis réserver 6 heures au réfrigérateur.

3- Préchauffer le four à 180 °C.

4- Quand la semoule a durci, la découper en carrés et les déposer sur la plaque du four préalablement garnie de papier sulfurisé. Parsemer de gruyère râpé.

5- Enfourner et laisser cuire 5 minutes pour les faire gratiner. Servir en accompagnement d'une viande blanche ou avec une salade.

FAISSELLES DE SALAKIS® AUX FRUITS ROUGES

10 MIN DE PRÉPARATION – 1H DE REPOS

POUR 4 PERSONNES

4 pots de 100 g de faisselle

160 g de SALAKIS®

1 cuillerée à soupe de sucre en poudre

500 g de fruits rouges

2 cuillerées à soupe de sirop de grenadine

1- Couper le SALAKIS® en petits dés.
2- Égoutter les faisselles.
3- Dans un bol, mélanger délicatement les faisselles avec le sucre et le SALAKIS®. Répartir le mélange dans les moules à faisselle. Laisser s'égoutter au réfrigérateur pendant 1 heure.
4- Mixer 150 g de fruits rouges avec le sirop pour obtenir un coulis. Avant de servir, répartir les fruits rouges restants dans 4 coupelles.
5- Démouler les faisselles sur une assiette puis, à l'aide d'une spatule, les déposer sur les fruits. Napper de coulis.

MOUSSE LÉGÈRE DE SALAKIS® AUX FRUITS

10 MIN DE PRÉPARATION – 15 MIN DE CUISSON

1- Éplucher les fruits et les couper en quartiers minces. Dans une casserole, faire cuire les fruits avec 2 cuillerées à soupe d'eau, à feu moyen, pendant 15 minutes.

2- Les faire refroidir dans un plat.

3- Écraser finement le SALAKIS® avec une fourchette. Monter la crème liquide en chantilly et mélanger avec le sucre glace. Ajouter le SALAKIS® et fouetter à nouveau pour obtenir une mousse ferme.

4- Servir avec les fruits refroidis.

POUR 4 PERSONNES

6 pommes royal gala
2 poires conférences
60 g de SALAKIS®
6 cl de crème liquide
15 g de sucre glace

NOUGAT GLACÉ AU SALAKIS®

25 MIN DE PRÉPARATION – 8 H DE CONGÉLATION

POUR 8 PERSONNES

130 g d'amandes mondées

110 g de pistaches mondées, non salées

50 g de cranberries

180 g de miel

3 œufs

20 cl de crème liquide

200 g de SALAKIS®

2 cuillerées à soupe d'eau de fleur d'oranger

sel

1- Dans une poêle, faire griller les amandes et les pistaches à feu moyen, en remuant régulièrement.
2- Hacher grossièrement les amandes, les pistaches et les cranberries.
3- Dans une casserole, faire chauffer le miel à feu moyen.
4- Séparer les blancs des jaunes d'œufs.
5- Monter les blancs d'œufs en neige avec 1 pincée de sel. Verser sur les blancs en neige le miel en le faisant couler le long du bol tout en fouettant. Fouetter vivement jusqu'à ce que les blancs aient refroidis. Incorporer ensuite les jaunes d'œufs, les fruits secs, le SALAKIS® émietté et l'eau de fleur d'oranger. Monter la crème liquide en chantilly. Incorporer délicatement la crème au SALAKIS®. Verser dans un moule et réserver 8 heures au congélateur.